BEI GRIN MACHT SICH IHR WISSEN BEZAHLT

AF153499

- Wir veröffentlichen Ihre Hausarbeit, Bachelor- und Masterarbeit

- Ihr eigenes eBook und Buch - weltweit in allen wichtigen Shops

- Verdienen Sie an jedem Verkauf

Jetzt bei www.GRIN.com hochladen und kostenlos publizieren

Einstellungsänderung, Vorurteile, Kreativität. Aktuelle Fragestellungen der Sozial- und Persönlichkeitspsychologie

Isabelle Hofmann

Bibliografische Information der Deutschen Nationalbibliothek:

Die Deutsche Nationalbibliothek verzeichnet diese Publikation in der Deutschen Nationalbibliografie; detaillierte bibliografische Daten sind im Internet über http://dnb.d-nb.de abrufbar.

ISBN: 9783346473615
Dieses Buch ist auch als E-Book erhältlich.

Druck und Bindung: Books on Demand GmbH, Norderstedt Germany
Gedruckt auf säurefreiem Papier aus verantwortungsvollen Quellen

Das vorliegende Werk wurde sorgfältig erarbeitet. Dennoch übernehmen Autoren und Verlag für die Richtigkeit von Angaben, Hinweisen, Links und Ratschlägen sowie eventuelle Druckfehler keine Haftung.

Das Buch bei GRIN: https://www.grin.com/document/1059847

Einsendeaufgabe

Einstellungsänderung, Vorurteile und Kreativität – aktuelle Fragestellungen der Sozial- und Persönlichkeitspsychologie

abgegeben am 17.06.2021

SRH Fernhochschule

Modul:	Persönlichkeits- und Sozialpsychologie
Studiengang:	M.A. Beratung und Coaching

von

Isabelle Hofmann

Inhalt

Abbildungsverzeichnis

Tabellenverzeichnis

Hinweis

Aus Gründen der besseren Lesbarkeit wird in dieser Arbeit auf die gleichzeitige Verwendung der Sprachformen männlich, weiblich und divers (m/w/d) verzichtet. Sämtliche Personenbezeichnungen gelten gleichermaßen für alle Geschlechter und dienen keinesfalls der Geschlechterdiskriminierung.

1 Aufgabe 1: Einstellungsänderung

Unter Einstellungsänderung versteht man die „Veränderung der subjektiven Wahrscheinlichkeit, dass die Konsequenzen vom nachfolgenden Verhalten neu bewertet werden" (Garms-Homolovà, 2020, S.31). In den vergangenen Jahrzehnten haben sich in der Sozialpsychologie verschiedene Theorien mit der Änderung von Einstellungen befasst. Diese sollen im folgenden Kapitel erläutert werden. Dabei werden auch Maßnahmen vorgestellt, wie dysfunktionale Einstellungen von Mitarbeitenden in Unternehmen positiv verändert werden können. Die Applikabilität dieser Maßnahmen hinsichtlich der Ebenen Individuum, Gruppe und Organisation soll dabei ebenfalls berücksichtigt werden.

Der „Einsatz von Botschaften, um Überzeugungen, Einstellungen und das Verhalten anderer Menschen zu ändern" (Jonas, Stroebe, Hewstone, 2014, S. 232) wird **persuasive Kommunikation** genannt. Hovland und seine Kollegen fassten im Yale-Ansatz zur Einstellungsänderung erstmals zusammen, wie bedeutsam es ist, „wer etwas zu wem sagt" und legten damit den Grundstein für weitere Theorien der Einstellungsänderung (Aronson, Wilson, Akert, 2008, S. 201). Basierend auf McGuires Modell der Informationsverarbeitung in fünf Schritten (Aufmerksamkeit, Verstehen, Akzeptieren, Beibehalten, Verhalten) entwickelte sich ein Zwei-Stufen-Modell aus Rezeption und Akzeptanz (Jonas et al., 2014, S. 233 ff.). Dieses wiederum bildet die Grundlage für die sog. Zwei-Prozess-Theorien der Persuasion: Das **Elaboration-Likelihood-Modell (ELM)** wurde 1986 von Petty und Cacioppo entwickelt und zeigt, wie effektive Kommunikation gestaltet werden müsste, um eine Einstellungsänderung zu bewirken (Garms-Homolovà, 2020, S. 36). Elaboration bezieht sich dabei „auf das Ausmaß, in dem eine Person über die in einer Botschaft enthaltenen […] Argumente nachdenkt" (Jonas et al., 2014, S. 239). Die Wahrscheinlichkeit, dass ein Individuum über die Argumente einer Botschaft nachdenkt und diese kritisch hinterfragt (Elaborationswahrscheinlichkeit) ist dabei von den Faktoren Motivation und Fähigkeit der Verarbeitung abhängig. Je nach Motivation und Fähigkeit führen der zentrale oder der periphere Weg zu einer Einstellungsänderung.

Weist eine Person ein hohes Maß an Motivation und gute Fähigkeiten zur Informationsaufnahme auf (genügend Zeit, keine Ablenkung), so wird der zentrale Weg der Informationsverarbeitung beschritten. Da man sich auf der zentralen Route sehr stark an Fakten orientiert, begünstigen ausführliche Informationen und eine hohe Qualität der Argumente eine Einstellungsänderung (Fischer, Asal, Krueger, 2018, S. 109).

Besteht eine geringe Motivation und/oder Fähigkeit zur Informationsverarbeitung (beispielsweise aufgrund von Zeitdruck, Ablenkung durch äußere Bedingungen o. ä.), werden Informationen auf dem peripheren Weg verarbeitet. D. h. man orientiert sich überwiegend an oberflächlichen Informationen (Garms-Homolovà, 2020, S. 37) und äußeren Reizen, wie z. B. Attraktivität und Auftreten des Kommunikators (Felser, 2015, S. 275). Ein Einstellungsänderungsversuch ist dann also eher erfolgreich, wenn er „mit situativen oder emotionalen Hinweisreizen versehen ist" (Fischer et al, 2018, S. 109). Einstellungen, die auf dem zentralen Weg der Persuasion entstehen, sind in allen drei Kriterien der Einstellungsstärke überlegen: „Sie sind beständiger über die Zeit, resistenter gegen Beeinflussung und prädikativer für Verhalten" (Petty, Cacioppo, 1986, zitiert nach Felser, 2015, S. 276). Abbildung 1 veranschaulicht das Prozessmodell der Elaborationswahrscheinlichkeit:

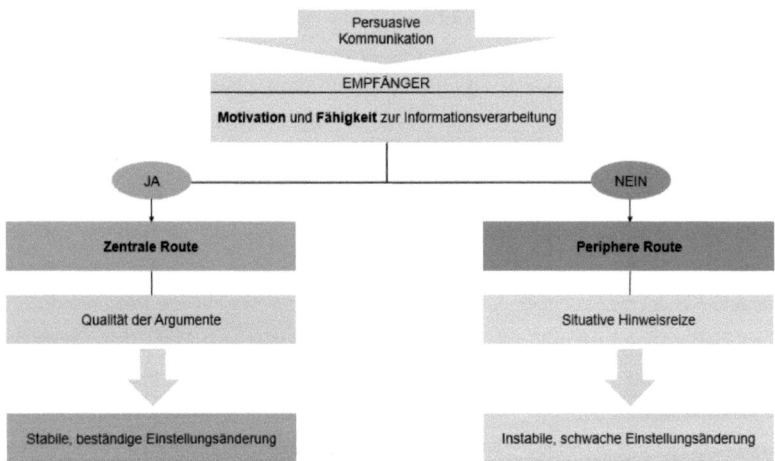

Abbildung 1: Elaboration-Likelihood-Modell

(Quelle: eigene Darstellung in Anlehnung an Fischer et al., 2018, S. 110)

Das ELM wurde 1989 von Chaiken zum **heuristisch-systematischen Modell (HSM)** weiterentwickelt. Analog zur zentralen und peripheren Route des ELM wird zwischen einem systematischen und heuristischen Verarbeitungsweg unterschieden. Zusätzlich berücksichtigt das HSM drei Grundmotive bei der Informationsverarbeitung und Einstellungsbildung (vgl. Fischer et al., 2018, S. 110-111):

- Das Motiv der Verteidigung mit dem Ziel des Schutzes eigener Einstellungen führt zu einer verzerrten Informationsverarbeitung.

- Das Motiv der Wahrheit umfasst das Streben nach korrekten Einstellungen und Entscheidungen und resultiert in einer ausgewogenen Informationsverarbeitung.
- Das Motiv des sozialen Eindrucks, d. h. das Streben nach sozialer Anerkennung und Akzeptanz, macht die Informationsverarbeitung von sozialen Zielen abhängig.

Gemäß dem **Modell der kognitiven Reaktionen** sollte persuasive Kommunikation stets Pro- und Contra-Argumente beinhalten, um Menschen zum Nachdenken anzuregen. Nicht die Argumente an sich, sondern die selbst vorgebrachten Gedanken sind demzufolge ausschlaggebend für eine Einstellungsänderung (Garms-Homolovà, 2020, S. 35).

„Die **Reaktanztheorie** [Brehm, 1966] sagt voraus, dass eine deutlich wahrnehmbare Beeinflussungsabsicht der Einstellungsänderung hinderlich ist" (Felser, 2015, S. 280). Der Kommunikator sollte also nicht den Anschein erwecken, sein Gegenüber beeinflussen zu wollen. Fühlt sich jemand in seiner Freiheit hinsichtlich Verhalten oder Einstellung eingeschränkt, wird er eher eine ablehnende Haltung einnehmen und motiviert sein, die eingeschränkte Freiheit wiederherzustellen (Jonas et al., 2014, S. 265). Gemäß des sog. „Widerstandsmotivs" wählt er dann genau die gegensätzliche Verhaltensweise oder Einstellung (Garms-Homolovà, 2020, S. 40). Wiederholt sich die Situation der fehlenden Wahlmöglichkeiten sogar, werden Menschen oftmals aggressiv, feindselig oder resignieren und verlieren jegliche Motivation (innere Emigration). Dieses Phänomen hat Seligman 2016 in der Theorie der erlernten Hilflosigkeit beschrieben (Garms-Homolovà, 2020, S. 41).

Persuasive Kommunikation kann im Rahmen von Mitarbeitergesprächen individuell stattfinden oder auch in Form von größeren Veranstaltungen (Abteilungs-, Bereichsrunden, Vorträgen o. ä.) ganze Gruppen oder Organisationen adressieren. Sollen Gruppen bzw. Organisationen überzeugt werden, ist eine Mischung aus zentralem und peripherem Weg empfehlenswert, um einen möglichst großen Anteil von Personen überzeugen zu können.

Auch die bloße Darbietung von Stimuli bzw. die bloße Ausgesetztheit kann zu einer positiveren Bewertung eines Sachverhalts und damit einer Einstellungsänderung führen. Zajoncs Studien zum **Mere Exposure** Effekt zeigen, dass Stimuli, die bereits mehrere Male dargeboten wurden, eher gemocht werden als Stimuli, die vorher noch nicht gesehen wurden (Jonas et al., 2014, S. 202). Durch die wiederholte Darbietung lässt sich ein allgemeiner positiver Affekt erzeugen, der auf andere Objekte übertragen wird. Allerdings muss berücksichtigt werden, dass der Mere Exposure Effekt begrenzt ist. Zu häufige und offensichtliche Wiederholungen wirken negativ. Zudem wurde nachgewiesen, dass er nur bei neutralen oder positiven Stimuli funktioniert (Werth, Denzler, Mayer, 2020, S. 260). Maßnahmen, die vom More Exposure Effekt Gebrauch machen, sollten daher nur bei einzelnen Mitarbeitenden angewendet werden, die keine ablehnende Einstellung haben.

Eng verknüpft mit persuasiver Kommunikation ist die **Einstellungsänderung mit Hilfe von Emotionen.** Eine Einstellungsänderung ist wahrscheinlicher, wenn der Kommunikationsinhalt Unsicherheit bzw. mäßige Furcht erzeugt. Allerdings darf dieser keine starke Angst auslösen, da Menschen dann wiederum zu einer abwehrenden Position tendieren (Fischer et al., 2018, S. 104, Aronson et al., 2008, S. 226). Auch die aktuelle Stimmung eines Menschen beeinflusst dessen Einstellungen. Albarracin und Kumkale wiesen 2003 nach, dass sich Menschen bei positiver Gefühlslage leichter von einer anderen Meinung überzeugen ließen als bei schlechter Stimmung (dabei waren Affekt und Inhalt der Einstellung voneinander unabhängig). Verstärkt wird dies, wenn der Affekt als Information einbezogen wird, d. h. wenn er wahrgenommen wird und als zusätzliche Information für die persönliche Einstellungsbildung dient (Fischer et al., 2018, S. 104). Emotionen werden letztendlich auch als Heuristiken, also „mentale Abkürzungen", verwendet, um die eigene Einstellung einschätzen und schneller ein Urteil fällen zu können (Aronson et al., 2008, S. 226; Werth, Denzler, Mayer, 2020, S. 282). Eine Einstellungsänderung mittels Emotionen ist sowohl auf individueller Ebene als auch bei Gruppen oder Organisationen möglich. Wichtig ist dabei eine positive Grundstimmung. Teamevents oder Vorträge mit Erlebnischarakter bieten hierfür einen sehr guten Rahmen.

Eine **Einstellungsänderung durch Selbstwahrnehmung** geht auf die Selbstwahrnehmungstheorie von Bem (1972) zurück. Ist man sich seiner Einstellung nicht bewusst, schließt man aufgrund von Beobachtung und Analyse des eigenen Verhaltens auf die zugrunde liegende Einstellung. Die Einstellung ist somit eine Folge des Verhaltens (Fischer et al., 2018, S. 106 f.). Durch den notwendigen Denk- und Analyseprozess ist diese Art der Einstellungsänderung Individuen vorbehalten. Mitarbeitende können beispielsweise in Einzelgesprächen oder Teamsitzungen hinsichtlich ihrer Einstellung befragt und zum Nachdenken angeregt bzw. aufgefordert werden.

Dauerhafte Einstellungsänderungen lassen sich auch mit Hilfe der **Dissonanztheorie** von Festinger (1957) bzw. des menschlichen **Konsistenzbestrebens** erklären. Sich widersprechende Kognitionen (Einstellungen, Gedanken o. ä.) lösen Dissonanzen aus, d. h. unangenehme motivationale Zustände. Auch wenn gezeigtes Verhalten nicht zur Einstellung passt, können Dissonanzen entstehen (Fischer et al., 2018, S. 108). Menschen empfinden es allerdings als angenehm, wenn sich ihre Einstellungen sowie die Komponenten einer Einstellung in einem harmonischen, spannungsfreien Zustand zueinander befinden, und streben daher einen solchen konsistenten Zustand an (Werth, Denzler, Mayer, 2020, S. 260).

Die Ansätze der Dissonanztheorie haben in eine Vielzahl von Beeinflussungstechniken Einzug gefunden, wie z. B. die Low-Ball-Technik (Werth, Denzler, Mayer, 2020, S. 265) oder die Foot-in-the-Door-Technik (Jonas et al., 2014, S. 312).

Da es sehr schwierig und komplex ist, die Kognitionen anderer Menschen einzuschätzen, eignen sich entsprechende, situationsabhängige Maßnahmen am ehesten für einzelne Mitarbeitende, nicht jedoch für Gruppen oder Organisationen.

Einstellungsänderungen können auch **durch Anreize** induziert werden. Stroebe führt an, dass der „Einsatz von Anreizen eine wirkungsvolle Strategie zur Verhaltensänderung darstellt. Es ist auch wahrscheinlich, dass eine durch Anreize hervorgerufene Verhaltensänderung zu einer Änderung der Einstellungen gegenüber dem Verhalten führt" (Jonas et al., 2014, S. 259). Leistungsanreize in Form von finanzieller Belohnung oder Aufstiegschancen können Mitarbeitende zu einer höheren Leistung motivieren. Allerdings haben Studien gezeigt, dass „sowohl Freude als auch Leistung bei einer intrinsisch angenehmen Aufgabe abnehmen können, sobald man den Menschen irgendeine Form der Belohnung dafür gibt" (Jonas et al., 2014, S. 265). Anreize können also für einzelne Mitarbeitende eine geeignete Maßnahme zur Einstellungsänderung sein. Oftmals werden auch für Teams Anreize gesetzt. Solche Maßnahmen sind aus den aufgeführten Gründen aber mit Sorgfalt einzusetzen, um intrinsisch motivierte Mitarbeitende nicht zu demotivieren. Anreize lassen sich weniger auf ganze Organisationen anwenden – bei dysfunktionalen Einstellungen einer Organisation sollten beispielsweise die verschiedenen Facetten der „gelebten" Unternehmenskultur in den Fokus genommen werden.

Einstellungsänderungen durch Lernprozesse umfassen unterschiedliche Formen des Konditionierens.

Beim Lernen auf Basis von Assoziationen (evaluatives Konditionieren) wird im Gedächtnis zwischen einem Zielreiz und einer affektiven Reaktion eine Assoziation gebildet. Einen Spezialfall bildet dabei der Spreading-Attitude-Effekt (Paarung eines Zielreizes mit einer (nicht) gemochten Person beeinflusst nicht nur die Bewertung der zuvor neutralen Person, sondern kann sich auch auf andere Menschen ausbreiten, die mit diesem Zielreiz ebenfalls assoziiert sind) (Werth, Denzler, Mayer, 2020, S. 252 f.).

Operantes bzw. instrumentelles Konditionieren umfasst das Lernen durch Verstärkung oder Bestrafung einer gezeigten Verhaltensweise (Werth, Denzler, Mayer, 2020, S. 253). Beim Modelllernen werden Einstellungsäußerungen oder einstellungsrelevante Verhaltensweisen beobachtet. Als Modell können Personen im direkten Umfeld aber auch Medien fungieren (Werth, Denzler, Mayer, 2020, S. 254).

Lernprozesse können sowohl einzelne Mitarbeitende als auch Gruppen und Organisationen beeinflussen. Allerdings sind konkrete Maßnahmen hier nur schwer denkbar, da Menschen unterschiedlich auf verschiedene Reize reagieren. Lob bzw. Tadel kann beispielsweise im Rahmen einer operanten Konditionierung zum Einsatz kommen, muss aber zum jeweiligen Mitarbeitenden oder Team „passen".

Tabelle 1 gibt einen Überblick der erläuterten Theorien der Einstellungsänderung sowie deren Applikabilität hinsichtlich der Ebenen Individuum, Gruppe und Organisation. Dabei wird deutlich, dass sich die meisten Theorien und Maßnahmen auf Individuen anwenden lassen. Die Anwendbarkeit auf Gruppen und Organisationen ist nicht bei allen Theorien gegeben. Allerdings wirken sich Maßnahmen, die dysfunktionale Einstellungen von einzelnen Mitarbeitenden beeinflussen bzw. ändern, in aggregierter Form auch auf Gruppen und die gesamte Organisation aus. Umgekehrt wirken sich auch kollektive Einstellungen einer Organisation auf einzelne Mitarbeitende aus.

Theorie der Einstellungsänderung	Anwendbar für		
	Individuum	Gruppe	Organisation
Persuasive Kommunikation	x	x	x
Mere Exposure	x	-	-
Emotionen	x	x	x
Selbstwahrnehmung	x	-	-
Dissonanz/Konsistenzbestreben	x	-	-
Anreize	x	x	-
Lernprozesse	x	x	x

Tabelle 1: Anwendbarkeit der Theorien der Einstellungsänderung auf Individuen, Gruppen und Organisationen

(Quelle: eigene Darstellung)

2   Aufgabe 2: Vorurteile

Der demografische Wandel und die damit einhergehende Veränderung der Altersstruktur unserer Bevölkerung hat weitreichende Auswirkungen auf unsere Arbeitswelt. „Während der Anteil der Jungen an der Erwerbsbevölkerung auch in Zukunft gleichbleiben wird (20 %), nimmt die ältere Gruppe (über 50-Jährige) massiv zu" (Bilinska, Wegge, 2016, S. 214). Folglich kommt es immer häufiger dazu, dass ältere Mitarbeitende von deutlich jüngeren Vorgesetzten geführt werden. Unternehmen und v. a. deren Personalverantwortliche sehen in der Konstellation „jüngere Vorgesetzte – ältere Mitarbeitende" erhöhtes Konfliktpotential. So ergab eine Befragung von 400 Unternehmen bzgl. des demografischen Wandels im Jahr 2007, dass „47 % der befragten Personalverantwortlichen vor der Einstellung älterer Mitarbeiter zurückschrecken" (Bilinska, Wegge, 2016, S. 214) – aus Angst vor der Konstellation „Jung führt Alt". Das genannte Konfliktpotential geht dabei v. a. auf eine Vielzahl von Vorurteilen zurück.

2.1   Was sind Vorurteile?

Jeder Mensch sieht sich täglich einer enormen Komplexität gegenüber. Ständig müssen im Alltag Umweltreize verarbeitet und Entscheidungen verschiedenster Art getroffen werden. Um unsere komplexe Umwelt möglichst einfach zu strukturieren, bedienen wir uns oft Verallgemeinerungen und Kategorisierungen.

„Die Zuordnung von Personen zu bestimmten Gruppen mit entsprechender Merkmalszuschreibung dient [...] als Vereinfachung und als soziale Orientierungshilfe" (Fischer et al., 2018, S. 116). Ein Stereotyp ist somit „die verallgemeinernde Zuschreibung bestimmter Eigenschaften auf alle Mitglieder einer Gruppe" (Fischer et al., 2018, S.116). Stereotype sind überwiegend kognitiver Natur und nicht mit Emotionen behaftet. Sie stellen die Grundlage von Vorurteilen dar.

Vorurteile bestehen neben der **kognitiven Komponente** eines Stereotyps noch aus einer **affektiven Komponente** und einer **Verhaltenskomponente** (Werth, Seibt, Mayer, 2020, S. 232).

Die affektive Komponente beinhaltet die negative Bewertung bzw. Haltung gegenüber Angehörigen einer fremden Gruppe aufgrund deren Gruppenzugehörigkeit.

Die Verhaltenskomponente ist gekennzeichnet durch ungerechtfertigt negatives, abwertendes oder schädliches Verhalten gegenüber anderen Personen aufgrund ihrer Gruppenzugehörigkeit (Werth, Seibt, Mayer, 2020, S. 229).

Vorurteile betreffen z. B. das Geschlecht, ethnische Zugehörigkeit, Alter, Religion, das äußere Erscheinungsbild oder die Sexualität anderer Menschen (Jonas et al., 2014, S. 510).

Auch wenn Vorurteile Entscheidungsprozesse im Alltag oftmals zu erleichtern scheinen, können sie verheerende Auswirkungen haben. Unangemessene materielle Benachteiligung und soziale Ungerechtigkeit führen zu Leid bei den Betroffenen und können erhebliche psychische Folgen haben (Werth, Seibt, Mayer, 2020, S. 229). Extremste Folgen von Vorurteilen haben in der Geschichte der Menschheit katastrophale Ausmaße angenommen. Der Holocaust während des zweiten Weltkriegs sowie die Völkermorde in Kambodscha und Ruanda sind hierfür klare Beispiele.

2.2 Wie entstehen Vorurteile?

Vorurteile entstehen durch **soziale Kategorisierung** und **Intergruppenwettbewerb**. Unter sozialer Kategorisierung versteht man die Neigung, die soziale Welt in Eigen- und Fremdgruppen aufzuteilen, um einerseits die Informationsverarbeitung zu vereinfachen (kognitive Ursache) und andererseits die eigene soziale Identität zu sichern und das Selbstwertgefühl zu erhöhen (motivationale Ursache) (Werth, Seibt, Mayer, 2020, S. 262). Dabei wird die Einheitlichkeit der Fremdgruppe meist überschätzt (**Fremdgruppenhomogenitätseffekt**) und die eigene Gruppe übermäßig aufgewertet (**Eigengruppenaufwertung**) (Jonas et al., 2014, S. 519-521). „Je homogener eine Gruppe wahrgenommen wird, desto mehr negative Eigenschaften […] werden ihr […] zugeschrieben" (Werth, Seibt, Mayer, 2020 S. 266). Diese wird folglich auch stärker diskriminiert.

Stehen Gruppen miteinander im Wettbewerb oder nehmen sie zumindest an, sie würden in Konkurrenz stehen, spricht man vom Intergruppenwettbewerb. Dieser begünstigt die Entstehung von Vorurteilen enorm.

Die Theorie des realistischen Gruppenkonflikts beschreibt, dass Einstellungen und Verhaltensweisen einer Gruppe reale Interessen und Konflikte widerspiegeln. Der Wettbewerb um knappe Ressourcen resultiert in Feindseligkeit, Vorurteilen und Diskriminierung (Werth, Seibt, Mayer, 2020, S. 269 ff.).

Oft können knappe Ressourcen jedoch nicht auf einen Interessenkonflikt mit einer bestimmten Fremdgruppe zurückgeführt werden. Die Frustration wird dann an einem Sündenbock „ausgelassen", d. h. eine „leicht zu identifizierende, machtlose Fremd-gruppe" (Werth, Seibt, Mayer, 2020, S. 273) wird zum Opfer von Vorurteilen und

Diskriminierung, obwohl diese nicht Ursache der unglücklichen Lage ist (**Sündenbocktheorie**).

Auch **kognitive Mechanismen** begünstigen die Entstehung und Aufrechterhaltung von Vorurteilen.

Menschen tendieren dazu, Zusammenhänge zu sehen, die gar nicht oder nicht im angenommenen Ausmaß bestehen. Dies bezeichnet man als **illusorische Korrelation** (Jonas et al., 2014, S. 521). Illusorische Korrelationen können die Entstehung von Vorurteilen begünstigen und gründen nicht nur auf persönlicher Erfahrung, sondern können auch durch die stereotype Darstellung von Personen in den Medien geschaffen werden (Werth, Seibt, Mayer, 2020, S. 280).

Subtyping beschreibt die Bildung von Untergruppen für „stereotypinkonsistente Exemplare" (Werth, Seibt, Mayer, 2020, S. 283). Informationen, die nicht dem Stereotyp entsprechen, verändern nicht das Stereotyp oder Vorurteil, sondern es wird versucht, sie in das Stereotyp zu integrieren – was nicht passt, wird also passend gemacht. Der Stereotyp bzw. das Vorurteil wird folglich aufrechterhalten.

Ein weiterer kognitiver Mechanismus, der zur Entstehung von Vorurteilen beiträgt, ist die **attributionale Verzerrung** bzw. der **ultimative Attributionsfehler**:

„In Abhängigkeit davon, ob positives oder negatives Verhalten und ob dieses von der Eigen- oder Fremdgruppe gezeigt wird, werden unterschiedliche Ursachenzu-schreibungen vorgenommen" (Werth, Seibt, Mayer, 2020, S. 285).

Positives Verhalten der Eigengruppe wird demnach internalen Ursachen (z. B. einem guten Charakter) zugeschrieben, während negatives Verhalten der Eigengruppe selbstwertdienlich attribuiert werden. D. h. negative Handlungen werden beispielsweise auf schwierige äußere Umstände und Situationen zurückgeführt.

Die Ursache für positives Verhalten der Fremdgruppe hingegen wird auf äußere Gegebenheiten zurückgeführt; negatives Verhalten als Zeichen für einen schlechten Charakter gedeutet (internale Ursachen).

Verhalten sich Menschen, die einer vorurteilsbehafteten Gruppen angehören, tatsächlich so, als wären die Vorurteile korrekt, bezeichnet man dies als sich **selbst erfüllende Prophezeiung** (self-fulfilling prophecy).

Hinsichtlich der Entstehung von Vorurteilen wurde von Sozialpsychologen auch die menschliche **Persönlichkeit** untersucht. 1950 entwickelten Adorno, Frenkel-Brunswik, Levinson und Sanford das Modell der **autoritären Persönlichkeit**. Basierend auf Freuds Psychoanalyse werden Aggressionen gegenüber strafenden und allzu strengen Eltern demnach „verschoben". Die autoritäre Persönlichkeit zeichnet sich durch einfaches

Denken, starres Festhalten an sozialen Konventionen und Unterwürfigkeit gegenüber Autoritäten aus und ist besonders empfänglich für Vorurteile gegenüber Minderheiten (Jonas et al., 2011, S. 513). Frenkel-Brunswik entwickelte ebenfalls Anfang der 1950er Jahre das Konzept der sog. **Ambiguitätsintoleranz** (Abneigung gegenüber Mehrdeutigkeit bzw. hoher **„need for closure"**). „Menschen mit einem starken Bedürfnis nach „closure" oder Klarheit lieben Ordnung, Entschlossenheit und Vorhersagbarkeit. Die Strukturierung der sozialen Erlebniswelt in Gruppen, die feinsäuberlich voneinander getrennt sind, die jeweils sehr homogen scheinen und die danach bewertet werden, ob man selbst dazu gehört, befriedigen dieses Bedürfnis" (Fischer et al., 2018, S. 119).

Das Konzept der autoritären Persönlichkeit wurde in den 1980er Jahren von Altemeyer wieder aufgegriffen und im Modell des **rechten Autoritarismus** zusammengefasst. Dieser betont die Rolle des sozialen Lernprozesses (soziale Umwelt, Gehorsam, Konventionalismus) bei der Entstehung von Vorurteilen (Jonas et al., 2014, S. 513).

Das Konzept der **sozialen Dominanzorientierung** nach Pratto und Sidanius besagt, dass die Bildung gruppenbasierter Hierarchien eine universelle Tendenz des Menschen ist und dass die soziale Ordnung durch individuelle und institutionelle Diskriminierung (legitimierende „Mythen" in Form von Vorurteilen) aufrechterhalten wird (Jonas et al., 2014, S. 513).

Betrachtet man die Entstehung von Vorurteilen, so ist auch die Frage zu berücksichtigen, wann und wie diese zur Anwendung kommen.

Folgende Faktoren beeinflussen maßgeblich, ob und in welchem Ausmaß ein Stereotyp auf einen Hinweisreiz hin aktiviert wird:

- Vorurteilslevel bzw. Motivation, vorurteilsfrei zu handeln
- Assoziationsstärke (bisherige Erfahrung und Kontakt mit Stereotyp)
- Ziele der Person (z. B. Geschlechtergleichbehandlung o. ä.)
- Kontext (Stereotype beinhalten positive und negative Attribute; es ist kontextabhängig, welche leichter zugänglich sind.)
- Stimmung (In gehobener, positiver Stimmungslage werden vorwiegend übergeordnete Wissensstrukturen genutzt, so dass es vermehrt zur Aktivierung von Stereotypen kommt.)
- Kognitive Kapazität:
  Ablenkung bzw. fehlende kognitive Kapazität können ein Stereotyp vor seiner Aktivierung mindern. Ist das Stereotyp allerdings bereits aktiviert, bewirkt Ablenkung ein höheres Ausmaß stereotyper Urteile (Werth, Seibt, Mayer, 2020, S. 255 ff.). Unter Zeitdruck kommen Stereotype aufgrund mangelnder kognitiver Kontrolle ebenfalls verstärkt zum Einsatz.

Die Aktivierung von Stereotypen kann durch unterschiedliche Reize sowohl bewusst als auch unterbewusst geschehen. Nach Aktivierung eines Stereotyps beeinflusst es unsere Informationsverarbeitung sowie unser Verhalten, v. a. auf unbewusster und automatischer Ebene (Werth, Seibt, Mayer, 2020, S. 245).

Eine Kontrolle von Stereotypaktivierung und -anwendung ist oftmals schwierig und nur durch Bewusstheit, hohe Motivation und Anstrengung sowie Selbstregulation möglich.

2.3 Beispiele Konstellation „junge Führungskraft führt ältere Mitarbeitende"

In einer Abteilung mit 20 Mitarbeitenden soll eine weitere Führungsebene eingeführt werden, so dass zwei Mitarbeitende aus der bisherigen Abteilung zu Teamleitern befördert werden und an den Abteilungsleiter berichten.

Die Abteilung ist hinsichtlich der Altersstruktur sehr gemischt. Zwei langjährige und erfahrene Mitarbeitende (Alter 52 und 54) sehen in der neuen Struktur ihre Chance, einen bedeutenden Karriereschritt zu gehen, ihr gesamtes Wissen einbringen zu können und rechnen nun mit der lange und hart erarbeiteten Beförderung zum Teamleiter.

Der Abteilungsleiter Herr T. lässt die beiden Mitarbeitenden bei seiner Durchsprache der Potentialkandidaten mit der Personalabteilung allerdings außer Acht. Er geht davon aus, dass diese „so kurz vor der Rente" keine Motivation mehr für eine Führungsaufgabe haben. Außerdem nimmt er an, dass sich diese lieber mit den alten Strukturen zufriedengeben als sich mit einer neuen Rolle zu befassen. Ältere Mitarbeitende wären aufgrund zunehmender gesundheitlicher Probleme und dem damit verbundenen Ausfallrisiko nicht mehr für einen Wechsel in eine Führungsrolle geeignet, schlussfolgert Herr T..

Zwei jüngere Kollegen (34 und 39 Jahre) werden mit der Rolle der Teamleitung betraut. Die beiden älteren Kollegen fühlen sich nicht nur übergangen, sie haben auch den Eindruck, dass ihr Wissen, ihre Motivation sowie ihre Leistung der vergangenen Jahre nicht wertgeschätzt werden. Folglich sinken in den folgenden Monaten Motivation und Arbeitsleistung. Beide möchten sich nicht von zwei jüngeren, ehemals gleichgestellten Kollegen führen lassen und bewerben sich schlussendlich auf andere Stellen.

Das Wissen um sog. organisationale Zeitpläne kann in solchen Fällen sehr hilfreich sein. „Der Theorie zufolge entstehen in Organisationen implizite Karrierezeitpläne, die vorgeben, mit welchem Alter welche Karrierestufe erreicht sein sollte" (Bilinksa, Wegge, 2016, S. 216). Mitarbeitende vergleichen sich demnach mit Kollegen und Vorgesetzten und erhalten im Ergebnis Informationen darüber, ob sich ihr Karrierefortschritt im organisationalen Zeitplan befindet. Personen, die das Gefühl haben, dem Zeitplan „hinterherzuhinken" (wie die beiden Kollegen durch die Entscheidung des Abteilungsleiters), haben oftmals eine negativere Einstellung gegenüber ihrer Arbeit und der eigenen Leistung (Bilinska, Wegge, 2016, S. 216). Hinzu kommt hier das Phänomen der sog. Statusinkongruenz, d. h. Personen, deren Alter nicht mit ihrer Rolle übereinstimmt, werden von anderen als unpassend wahrgenommen und fühlen sich selbst von den jüngeren Vorgesetzten überholt.

Talentmanagement, in dessen Rahmen es keine Altersgrenzen für Potentialmeldungen (aufgrund von Vorurteilen) gegenüber älteren Personen gibt, beugt entsprechender Demotivation vor und wurde beispielsweise bereits von der AOK Hessen erfolgreich eingeführt (Lambert, 2019, S. 281 f.).

Die Leitung der Inhouse Consulting Abteilung eines Großkonzerns wird vom 34-jährigen Herrn H. übernommen, der vorher in einem anderen Unternehmen tätig war. Für ein Beratungsprojekt im IT-Bereich (Rollout eines konzernweit eingesetzten IT-Tools) soll er gleich zu Beginn seiner Tätigkeit ein Projektteam aus internen Beratern zusammenstellen. Die 56-jährige Mitarbeiterin Frau S. möchte unbedingt Teil dieses prestigeträchtigen Projektes werden. Herr H. hält Frau S. allerdings aufgrund ihres Alters für ungeeignet, die neue, komplexe Technologie zu verstehen und gleichzeitig anderen Konzernbereichen nahe zu bringen. Die Einführung neuer IT-Tools in Konzernen ist oftmals mit weitreichenden Diskussionen und Ablehnung verbunden. Herr H. denkt, dass Frau S. aufgrund ihres Alters zwar erfahren, aber auch stur und wenig kooperationsbereit sein könnte, wenn es um entsprechende Konflikte mit anderen Unternehmensbereichen geht.

Dass Frau S. in der Vergangenheit bereits mehrere IT-Großprojekte erfolgreich beraten und begleitet hat, eine im Konzern sehr gut vernetzte, kommunikative und auch beliebte Projektmanagerin ist, kann Herr H. aufgrund fehlender Zeit und Gespräche nicht erfahren und somit nicht bei der Besetzung des Projektteams berücksichtigen. Die anderen Teammitglieder – und auch der Projekterfolg – hätten in vielerlei Hinsicht von Frau S. profitieren können (Erfahrung, Wissen, Status im Unternehmen, Motivation usw.). Gemäß der Kontakthypothese nach Allport (Jonas et al., 2014, S. 548) hätten Gespräche und persönlicher Kontakt zwischen Herrn H. und Frau S. die Vorurteile erheblich reduzieren können.

Es gibt jedoch auch Vorurteile älterer Mitarbeiter gegenüber jüngeren Vorgesetzten, die entsprechendes Konfliktpotential bieten:

Eine Marketingabteilung – bestehend aus überwiegend älteren Personen zwischen 45 und 62 Jahren – wird von einem 28-jährigen Universitätsabsolventen übernommen. Obwohl er mehrere Praktika im In- und Ausland vorweisen kann, nimmt die Abteilung an, dass er zwar viel theoretisches Wissen gesammelt hat, aber wahrscheinlich nichts davon in die Praxis umsetzen geschweige denn Kollegen führen könne. Aufgrund seiner mangelnden Erfahrung und des jungen Alters wird unterstellt, er könne komplexe Zusammenhänge und die politischen Spielregeln des Unternehmens nicht verstehen. Dadurch wäre er für die Führungsaufgabe völlig ungeeignet. Außerdem könne man einen Chef, der aufgrund seines Alters das eigene Kind sein könnte, nicht „für voll" nehmen.

In diesem Fall führt die „statusinkongruente Führungskonstellation" (Stegh, Ryschka, 2019, S. 99) aufgrund von Vorurteilen zu Konflikten – die Mitarbeitenden akzeptieren den Status ihrer Führungskraft nicht und weigern sich, deren Entscheidungen zu folgen. Unter dieser – wie auch jeder anderen – Form der Altersdiskriminierung kann die Performance der Abteilung und nicht zuletzt des Unternehmens enorm leiden (Stegh, Ryschka, 2019, S. 34). Ein wertschätzender Umgang und offene Kommunikation sind u. a. der Schlüssel für eine erfolgreiche Zusammenarbeit.

3 Aufgabe 3: Kreativität

3.1 Abgrenzung Intelligenz und Kreativität

„Intelligenz ist die am besten untersuchte Persönlichkeitseigenschaft überhaupt" (Asendorpf, 2019, S. 94), aber dennoch ist es schwierig, eine allgemeingültige Definition von Intelligenz zu finden. Dies hängt vor allem mit der komplexen Entwicklung der Intelligenzforschung und unterschiedlichen „Intelligenzmodellen" zusammen. Nach alltagspsychologischer Auffassung ist Intelligenz „eine relativ einheitliche Fähigkeit, intellektuelle Leistungen zu vollbringen" (Neyer, Asendorpf, 2018, S. 150), d. h. sie befähigt zur effektiven Lösung vorgegebener Probleme mit bekannter Lösung (Asendorpf, 2019, S. 102). Kreativität hingegen wird oft als Fähigkeit zu schöpferischem Denken und Handeln betrachtet. Kreativ sein heißt also, neue Sichtweisen zu schaffen, Optionen zu erweitern und etwas Neues und Sinnvolles in die Welt zu bringen (Ellebracht, Lenz, Geiseler, Osterhold, 2018, S. 124).

Maßgeblichen Einfluss auf die Kreativitätsforschung hatte Guilford, indem er Intelligenz und Kreativität auf zwei Arten von Problemlöseprozessen bezog (Neyer, Asendorpf, 2018, S.163). Während konvergentes (einheitliches) Denken die Fähigkeit beschreibt, auf die gewünschte (bekannte) Lösung eines Problems zu kommen, erfordert divergentes Denken offene, freie und ungerichtete Denkprozesse, die vielfältige Lösungen generieren können. Divergentes Denken bildet somit eine Grundvoraussetzung zur Erbringung kreativer Leistungen (Palmer, 2016, S. 54).
Im Zuge dieses Ansatzes entwickelte Guilford vier Komponenten der Kreativität:

- Sensitivität gegenüber Problemen
- Flüssigkeit des Denkens
- Originalität des Denkens
- Flexibilität des Denkens

Guilford nahm an, dass diese und weitere Merkmale des Denkens stabile Persönlichkeitseigenschaften darstellen und „in Verbindung mit zumindest durchschnittlicher Intelligenz und einem Minimum an bereichsspezifischem Wissen kreative Leistungen ermöglichen und vorhersagen lassen" (Asendorpf, 2019, S. 103). Das sog. Schwellenmodell für den Zusammenhang zwischen Intelligenz und Kreativität konnte nicht bestätigt werden. Intelligenz stellt auf jedem Niveau eine notwendige, nicht aber hinreichende Bedingung für kreative Leistungen dar (Asendorpf, 2019, S. 103).

Mehrere Studien weisen darauf hin, dass sich Intelligenz und Kreativität als distinkte, aber sich überlappende Konstrukte erweisen. Die beiden Konstrukte können demnach weder gleich gesetzt noch als voneinander unabhängig betrachtet werden (Palmer, 2016, S. 66).

3.2 Messversuche von Kreativität

In den letzten Jahrzehnten wurden unzählige Versuche unternommen, Kreativität zu erfassen und messbar zu machen. Aufgrund der Fülle an Instrumenten wurden die unterschiedlichen Verfahren zur Messung von Kreativität klassifiziert. Hocevar und Bachtiar haben die Verfahren 1989 dabei nach Zielen strukturiert. Eine Erweiterung um den diagnostischen Ansatz wurde 2002 von Schuler vorgenommen:

Verfahren	Ziel	Diagnostischer Ansatz
Tests zum Divergenten Denken	Erfassung kognitiver Fähigkeiten	Eigenschaftsorientiert
Persönlichkeitsinventare	Erfassung bestimmter Persönlichkeitsmerkmale und Eigenschaften	Eigenschaftsorientiert
Einstellungs- und Interessenskalen	Erfassung bestimmter Vorlieben, Interessen und Motive	Eigenschaftsorientiert
Lehrerbeurteilung	Genaue Information über Person durch Einschätzung von Lehrern, welche die Person kennen und sie über einen längeren Zeitraum beobachten konnten	Eigenschaftsorientiert (Fremdbeurteilung) oder Biografieorientiert
Peerbeurteilung	Genaue Information über Person durch Einschätzung von Kollegen, welche die Person kennen und sie über einen längeren Zeitraum beobachten konnten	Eigenschaftsorientiert (Fremdbeurteilung) oder Biografieorientiert
Vorgesetztenbeurteilung	Genaue Information über Person durch Einschätzung von Vorgesetzten, welche die Person kennen und sie über einen längeren Zeitraum beobachten konnten	Eigenschaftsorientiert (Fremdbeurteilung) oder Biografieorientiert
Beurteilung kreativer Arbeitsproben und Produkte	Messung des kreativen Verhaltens einer Person und Analyse ihrer Ergebnisse	Simulationsorientiert/ Biografieorientiert
Eminenz-Einschätzungen	Erfassung von Erfolgskriterien durch Erfassung von Zitierhäufigkeit, erlangten Preisen und Auszeichnungen sowie eingeräumtem Platz in Biografien	Biografieorientiert
Biografische Inventare	Sammlung von Informationen zu Hintergrund und Entwicklungsbedingungen einer Person	Biografieorientiert
Selbstberichte über besondere Leistungen	Checklisten geben Auskunft über Selbsteinschätzung und nicht publike Leistungen	Biografieorientiert

Tabelle 2: Erhebungsverfahren zur Kreativitätsmessung nach Hocevar & Bachtiar, ergänzt um den diagnostischen Ansatz von Schuler

(Quelle: Palmer, 2016, S. 164)

Im Rahmen des eigenschaftsorientierten Ansatzes werden psychologische Konstrukte untersucht, die für kreative Prozesse relevant sind (Palmer, 2016, S. 165). Dabei werden drei Verfahren unterschieden:

- Verfahren zur Überprüfung kognitiver Voraussetzungen
  (z. B. Guilfords Unusual Uses-Tests, Torrance Tests of Creative Thinking, Barron-Welsh Art Scale)

- Verfahren zur Untersuchung relevanter Persönlichkeitsmerkmale
  (z. B. Creative Personality Scale von Gough, HEXACO-Skalen)
- Verfahren zur Messung der Motivstruktur

Bei der simulationsorientierten Messung von Kreativität wird das „tatsächlich kreative Verhalten in den Vordergrund gestellt" (Palmer, 2016, S. 168). Arbeitsproben oder simulative Aufgaben sollen dabei Aufschluss über die Kreativität eines Individuums geben.

Der biografieorientierte Ansatz zur Messung von Kreativität umfasst die Beschreibung des bisherigen Verhaltens und der bisherigen Leistungen eines Individuums (Palmer, 2016, S. 170). Dabei wird zwischen Eminenz-Einschätzungen, der Beurteilung vergangener kreativer Leistungen und Ergebnisse sowie Selbstberichten über kreative Leistungen unterschieden.

Um Kreativität verlässlich zu messen und vergleichbar zu machen, kommt Kriterien wie Objektivität, Reliabilität, Validität, Konstruktbereich und Anforderungsbezug eine hohe Bedeutung zu.

3.3 Situative Einflüsse auf Kreativität

3.3.1 Kreativitätshemmende Einflüsse

Ellebracht et al. unterscheiden Hindernisse für Kreativität in Blockaden und sog. Kreativitätskiller (Ellebracht et al., 2018, S. 133).

Blockaden der Wahrnehmung behindern kreative Prozesse, wenn Probleme aus dem falschen Blickwinkel betrachtet werden oder sich jemand nicht von einer gewohnten Perspektive trennen kann. Gefühlsmäßige Blockaden umfassen v. a. die Furcht vor Kritik und negativer Bewertung, wenn neue Ideen hervorgebracht werden. In beiden Fällen können Führungskräfte durch das bewusste Einführen von Kreativitätstechniken und einer offenen Fehlerkultur entgegenwirken.

Auch umweltbedingte Faktoren können Kreativität hemmen. Wird eine Teamsitzung zur Neuentwicklung einer Marketingstrategie beispielsweise nach einem langen Arbeitstag in einem fensterlosen, engen Besprechungsraum mit schlechter Belüftung gehalten, werden die Ergebnisse weitaus weniger kreativ sein als bei einer Besprechung vormittags in ansprechender Umgebung.

Kreativitätskiller umfassen psychologische Zwänge, die Kreativität hemmen (Ellebracht et al., 2018, S. 134 f.). Ständige Beobachtung, übermäßige Bewertung, Gängelung und die Einschränkung von Entscheidungsspielräumen hemmen Kreativität bereits im Kindesalter. Auch im Erwachsenenalter wirken sich andauernder Leistungsdruck, Zeitmangel und unverhältnismäßige Vorschriften negativ auf kreative Prozesse aus. Sitzt eine Führungskraft beispielsweise mit ihrem Team im gleichen Büro, kommentiert die Leistungen des Teams ständig und kontrolliert jede Entscheidung der Mitarbeitenden, wird dies enorme (negative) Auswirkungen auf die Kreativität des Teams haben.

3.3.2 Kreativitätsfördernde Einflüsse

Die US-amerikanische Wirtschaftswissenschaftlerin Teresa Amabile hat in den 1990er Jahren definiert, dass die Faktoren Herausforderung, Anatomie, Ressourcen, Gruppenzusammensetzung, Supervision und Unterstützung durch die Organisation kreative Prozesse in Unternehmen maßgeblich beeinflussen (Haager, 2019, S. 222). Auf Basis ihrer und weiterer Studien zum Thema Kreativität lassen sich pädagogisch-soziale, intrapersonale und physikalische Einflussfaktoren auf die Entfaltung von Kreativität klassifizieren.

Pädagogisch-soziale Faktoren beschreiben „Einflüsse, welche durch die Erziehung, Unterstützung und Betreuung anderer Personen und der Gesellschaft auf den kreativen Prozess, das kreative Produkt und die kreative Person einwirken" (Haager, 2019, S. 222). Eine positive Einstellung der Führungskraft und des Teams gegenüber der Umsetzung kreativer Potentiale, eine angenehme Arbeitsatmosphäre und Abwechslung (beispielsweise durch Job-Rotation, Projektarbeit o. ä.) schaffen entsprechend gute Voraussetzungen für neue Aktivitäten.

Physikalische Faktoren umfassen örtliche und zeitliche Gegebenheiten. Neben der Bereitstellung notwendiger Ressourcen (Infrastruktur, Netzwerke etc.) ist hier auch die Gestaltung der Büroräumlichkeiten gemeint. Konzerne wie Google geben ihren Mitarbeitenden beispielsweise die Möglichkeit, ihren Arbeitsplatz selbst zu wählen (Schreibtisch, Entspannungsecken, Mottoräume, bunte Spielwelten usw.). Farben, Formen und Materialien können Kreativität genauso positiv beeinflussen, wie die Möglichkeit, sich zwischendurch zu bewegen (Haager, 2019, S. 227). Die flexible Nutzung von Arbeitszeit – z. B. durch die Verlagerung von Arbeitszeit in die Abendstunden oder die Nutzung eines Gleitzeitkontos – beeinflusst laut Studienlage ebenfalls die Kreativität in Organisationen (Haager, 2019, S. 227).

Intrapersonale Faktoren bezeichnen die „emotionale, motivationale und kognitive Welt des Individuums" (Haager, 2019, S. 229). Voraussetzungen für Kreativität sind demnach Expertise auf einem Gebiet (erlernte Fähigkeiten, Fachwissen), kreative Denkfähigkeiten (Flexibilität und Originalität) und intrinsische Motivation. Bei der Zusammensetzung von Teams sollten alle drei Bereiche berücksichtigt werden, um kreative Prozesse zu fördern.

3.3.3 Stress – kreativitätshemmend oder -fördernd?

Der Einfluss von Stress auf kreative Leistungen könnte sowohl unter kreativitätshemmenden als auch kreativitätsförderlichen situativen Einflüssen aufgeführt werden. Lennart Levis Modell bzgl. Stress und Kreativität zeigt deutlich, dass Kreativität gering ist, wenn Stimulanz und Stress sehr hoch sind (Überforderung). Gleichzeitig ist Kreativität aber auch gering, wenn Stimulanz und Stress gering sind.

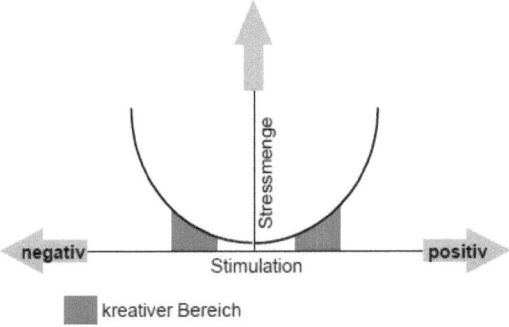

Abbildung 2: Stress und Kreativität nach Levi (1973)

(Quelle: Ellebracht et al., 2018, S. 136)

„Der kreative Bereich liegt bei negativer wie positiver Stimulation im gemäßigten Stresslevel" (Ellebracht et al., 2018, S. 136). Ein gewisses Maß an Druck, „Kribbeln im Bauch" und Spannung ist also förderlich für Kreativität.

22

Literaturverzeichnis

Aronson, E., Wilson, T., Akert, R. (2008). *Sozialpsychologie.* (6., aktualisierte Auflage). München: Pearson.

Asendorpf, J. (2019). *Persönlichkeitspsychologie für Bachelor.* (4. vollständig überarbeitete Auflage). Berlin: Springer.

Bilinska, P., Wegge, J. (2016). Jung führt Alt. In Felfe, J., van Dick, R. (Hrsg.). *Handbuch Mitarbeiterführung. Wirtschaftspsychologisches Praxiswissen für Fach- und Führungskräfte* (S. 213–225). Berlin/Heidelberg: Springer.

Ellebracht, H., Lenz, G., Geiseler, L., Osterhold, G. (2018). *Systemische Organisations- und Unternehmensberatung.* (5., aktualisierte und erweiterte Auflage). Wiesbaden: Springer Gabler.

Felser, G. (2015). *Werbe- und Konsumentenpsychologie.* Berlin/Heidelberg: Springer.

Fischer, P., Asal, K., Krueger, J. (2018). *Sozialpsychologie für Bachelor.* (2. Auflage). Berlin/Heidelberg: Springer.

Garms-Homolovà, V. (2020). *Sozialpsychologie der Einstellungen und Urteilsbildung.* Berlin: Springer.

Jonas, K., Stroebe, W., Hewstone, M. (Hrsg.). (2014). *Sozialpsychologie.* (6. Auflage). Berlin/Heidelberg: Springer.

Lambert, S. (2019). Generationenvielfalt aktiv gestalten! – Auf dem Wege zu einem neuen Verständnis von Arbeit und Alter. In Domsch, M., Ladwig, D., Weber, F. (Hrsg.). (2019). *Vorurteile im Arbeitsleben* (S. 273-283). Berlin: Springer Gabler.

Neyer, F., Asendorpf, J. (2018). *Psychologie der Persönlichkeit.* Berlin: Springer.

Palmer, C. (2016). *Berufsbezogene Kreativitätsdiagnostik.* Wiesbaden: Springer.

Stegh, W., Ryschka, J. (2019). *Führen von Jung und Alt.* Berlin: Springer Gabler.

Werth, L., Denzler, M., Mayer, J. (2020). *Sozialpsychologie – Das Individuum im sozialen Kontext.* (2. Auflage). Berlin/Heidelberg: Springer.

Werth, L., Seibt, B., Mayer, J. (2020). *Sozialpsychologie – Der Mensch in sozialen Beziehungen.* (2. Auflage). Berlin/Heidelberg: Springer.